元駅員芸人
パンタグラフ
が教える

明日学校で話したくなる
電車の話

パンタグラフ 著

イカロス出版

2人とも"元駅員"!?
「パンタグラフ」ってどんな人？

鉄道会社の駅員としてはたらいたことがある異色のコンビ。
この本では、明日学校で話したくなるような、たくさんの電車の話を2人が紹介します！

特技は
メイクと
太鼓の達人

趣味は
天体観測と
和太鼓

たくあんボーイ

1997年1月20日生まれ

長野県出身／A型／身長172cm／体重58kg

元駅員芸人
パンタグラフが教える
明日学校で話したくなる
電車の話

- 2 ……… 2人とも"元駅員"!?
「パンタグラフ」ってどんな人?

- 5 ……… キャラクター図鑑

- 20 ……… 元駅員が教える
鉄道会社の仕事

- 41 ……… 元駅員が教える
電車や駅でのすごしかた

- 62 ……… 駅員の一日。

- 66 ……… 元駅員が教える
駅員時代を振り返る
「駅員あるある」

- 81 ……… 何問とけるかな？ 難読駅クイズ

- 82 ……… 鈴木メトロ×たくあんボーイ　年表

- 88 ……… 2人にインタビュー！

本書の内容は鉄道会社の公式見解ではないことをご留意ください。

キャラクター図鑑

2人のコントに欠かせない、ユニークなキャラクターたち。
名前から家族構成まで、
詳しいプロフィールを大公開!

キャラクター図鑑
鈴木メトロ

メトロ駅員

profile
年齢33歳
身長177㎝
体重78㎏
独身 彼女なし

お調子者でやさしすぎる性格のため、すぐトラブルにまきこまれる。勉強になることがあれば「お！ ナイス好奇心！」とさけび、怒れば「カッチーン」がくちぐせな、ごく普通の駅員。

お！ナイス好奇心！

乳化田二郎

profile
年齢26歳
身長167㎝
体重69㎏
1人暮らし

まじめな駅員。「ラーメン二郎」が大好きでメトロ先輩と「二郎」に行くのが楽しみ。趣味はカーテンを週替わりで変えること。鉄オタな雰囲気ではあるが、じつは日ハムファン。いつか新庄のもとではたらきたいと思っている。

仕事なのでね～

キャラクター図鑑
鈴木メトロ

駅長

profile

年齢58歳
身長168cm
体重70kg
バツイチ

都心駅の駅長。ずっと腰が痛くて若い駅員に仕事を任せることが多い。行きつけの美容室が新宿にあり、若い人に切ってもらっているがいまだに緊張してうまく話せない。息子が2人、娘が1人いるがみんな元妻のもとへ行ってしまった。ボートレースが大好き。

いってらっしゃい〜

ぎよしくん

profile

年齢6歳
身長123cm
体重32kg
1人っ子

電車が大好きな男の子。とくに好きなのはJR中央線。荻窪駅のちかくに住んでおり、駅近のスーパー・西友で「ねるねるねるね」を買うのが楽しみ。パパの影響で「ラーメン二郎」が好き。将来が不安。

源田打て〜！

キャラクター図鑑
鈴木メトロ

きよしママの
佑子

profile
年齢33歳
身長165cm／体重51kg
3人家族

金髪だが心が優しいきよしママ。趣味は公園のベンチに座り木々をながめ、生きている幸せを噛みしめること。夫婦喧嘩をしてもかならずパパに勝ち、じつは家族の主導権は自分にあると思っている。しかしながら神経質で思い通りにいかないとついきよしに当たってしまうこともある。

きよし〜！

ゆーもん

profile
年齢27歳
身長171cm／体重68kg
実家暮らし

チャンネル登録者数491人の「ホラーズチャンネル」というチャンネルのYouTuber。心霊企画をやりながらも迷惑系YouTuberでもあり、駅員側から嫌われている。「レッツゴーヒュー！」というワードで本気で流行語大賞を狙っている。いつも着ている赤いジャンバーは、おばあちゃんからのおさがり。おばあちゃんが大好き。実家ではお母さんにはやく自衛隊に入るように言われている。

レッツゴーヒュー！

キャラクター図鑑
鈴木メトロ

えりゴン

profile
年齢30歳
身長161cm
体重48kg
1人暮らし

予知能力が扱える女の子。5歳のころから人の心を読めるようになった。三姉妹の末っ子。めがねをかけているが視力はすごくよく、伊達めがね。くちぐせは「あなたの心をウルトラルッキン！」これを言っている自分がすごく好きで酔いしれている。彼氏はいたことがない。

あなたの心をウルトラルッキン！

ジャイ男

profile
年齢11歳
身長165cm
体重42kg
4人家族

将来、歌手をめざす小学5年生。性格は生意気だが、意外にも家族想いで涙もろい。妹のジャイ子が大好き。メトロ駅員をイジっている時間がすごく幸せで楽しいと思っているがけっして駅員になりたいという気持ちはない。たくあんTVののぶ太くんとは大親友。

俺様の歌声聴いてくれ！

キャラクター図鑑
鈴木メトロ

黒滝孝弘

profile
年齢35歳
身長169㎝
体重75kg
実家暮らし

関東屈指の撮り鉄。一眼レフを買いたいがアルバイトが続かないため、いまだにiPhoneで撮影している。駅員になりたいという夢はあるが、仕事ができないから、入社試験を受けることを躊躇している。好きな路線は小田急線。好きなごはんは「さけるチーズ」。

特急がくるぞ！

キャラクター図鑑
たくあんボーイ

たくあん駅員

profile
年齢30歳
身長175㎝
体重60kg
独身 彼女なし

まじめで素直。正義感が強い駅員の鏡。中部地方で開かれた、駅員接客コンテストNo.1。キレると「おいゴラテメェ」、この言葉が駅中に響き渡る。

おいゴラテメェ

キャラクター図鑑
たくあんボーイ

そうすけくん
profile

年齢6歳
身長120㎝
体重31kg
1人っ子

電車が大好きな少年。とくに好きなのは近畿日本鉄道の「特急ひのとり」。じつは友達のメイちゃんが好きなのだ。「にひっ」と笑うのが特徴。

にひっ

たくぽよ
profile

年齢17歳
身長162㎝
体重45kg
7人家族

「チース」がくちぐせ、語尾に「ぽよ」をつけがち。世界最強のギャル。すべての数値が規格外。最寄駅のギャル山駅は危険区域とされていて、普通の人間が入ると生きて帰っては来れない。五十嵐と付き合っている。ヘビとピーマンは苦手。

あざぽよ〜！

キャラクター図鑑
たくあんボーイ

横山さん
profile

年齢48歳
身長168㎝
体重65kg
1人暮らし

くちぐせは「クソが！」。バツイチ。元妻はブラジル人のキャサリン。タクシー運転士。いつもネクタイを首に巻いていることに気づいていない。

クソが！

橋爪さん
profile

年齢57歳
身長154㎝
体重58kg
1人暮らし

くちぐせは「ちょーん」。じつは8人の孫がいる。人に迷惑ばかりかけているのはかまってほしいから。いつも小さなポーチを持ち歩いている。リップはなぜか唇の中央にしか塗らない。リップのメーカーはロムアンド。

ちょーん！

キャラクター図鑑
たくあんボーイ

五十嵐(いがらし)

profile(プロフィール)

年齢17歳
身長172㎝
体重58kg
5人家族

ヤンキーであるが心が優しすぎる。弟2人と妹1人と病気の母を養うためバイトを3つ掛け持ちしている。たくぽよと付き合っている。

あ？

カツジ

profile(プロフィール)

年齢不詳
身長160㎝
体重58kg
父と2人暮らし

年齢不詳であらゆる所に奇声をあげて現れる。つねに学ランを着ているが学校の名簿に名前はない。足が誰よりも速い。角刈り。眉毛がつながる日を夢みている。

カツジと申しますか？

キャラクター図鑑
たくあんボーイ

榊原先生
profile
年齢59歳
身長162㎝
体重68㎏
1人暮らし

榊原助役の双子の弟。短気でキレやすいが生徒のことを一番に考えている。担当は理科。白衣を着ている。めがねは度が合っていない。

ふざけるな！

宗男
profile
年齢17歳
身長168㎝
体重60㎏
4人家族

一見まじめに見えるがつねにとぼけている。相棒は西川。制服の第一ボタンだけ外している。じつはたく子が好き。

ギャル強……

キャラクター図鑑
たくあんボーイ

西川

profile
年齢17歳
身長165cm
体重55kg
3人家族

まじめなツッコミ男。クセがすごいクラスメイトに唯一まともなツッコミが言える男。宗男の相棒である。実家は学校の近くで寿司屋をやっている。

なんでだよ！

そうすけママ

profile
年齢32歳
身長160cm
体重45kg
3人家族

そうすけくんのママである。ストリートなファッションが好き。そうすけくんの影響で電車に詳しくなってしまった。夫は単身赴任をしている。

そうすけ！いくよ！

キャラクター図鑑
たくあんボーイ

たく子
profile
年齢17歳
身長154㎝
体重42㎏
8人家族

おとなしくて静かな女の子。ひそかに五十嵐のことが好きである。好きな食べ物は栗まんじゅう。サウナが好き。

> ありがとうございます！

たくちゃみ
profile
年齢17歳
身長170㎝
体重50㎏
4人家族

転校してきたギャルでたくぽよの親友。冷静な例えツッコミをする。たまに親父ギャグを言う。つねにクールでポーカーフェイスだが韓国アイドルを見ると女子になる。

> まじアリゲーター

キャラクター図鑑
たくあんボーイ

ケンチ

profile

年齢15歳
身長152㎝
体重50㎏
5人家族

電車を撮るのが好きな撮り鉄。とくに好きなのが飯田線田切駅のΩカーブ。電車と雪を被った中央アルプスのコントラストがたまらないそうだ。写真は毎年、鉄道カメラマンにも絶賛されるほどの腕前だ。

撮影の邪魔するな！

野武のぶ太

profile

年齢17歳
身長160㎝
体重55㎏
4人家族(犬型ロボット含む)

国民的アニメのメガネの少年に似ているが別人である。何をするにもポンコツで寝坊が特技。鈴木メトロchannelのジャイ男が嫌い。

駅員さーん！

キャラクター図鑑
たくあんボーイ

そうすけくん、だーいすき！

メイちゃん
profile

年齢6歳
身長125cm
体重31kg
7人家族

お嬢様。お金持ちで執事のおじさんと一緒に移動している。そうすけくんが大好き。たくぽよの妹という説も……。

楠先生
profile

年齢35歳
身長178cm
体重62kg
1人暮らし

また遅刻か？

国語の先生。冷静にツッコミができる。いざというときは男らしく発言できる。親に結婚を急かされている。

キャラクター図鑑
たくあんボーイ

カニ彦

profile
年齢222歳
身長180㎝
体重70㎏
生息地不明

約200年前に博士によって作られた。爆弾処理班のエース。手と顔はカニ。ほぼ人間。優しい心を持ち人のために悪と戦う。

正義が勝つ！

榊原助役

profile
年齢59歳
身長160㎝
体重65㎏
2人暮らし

奥さんと2人暮らし。駅員歴が40年の大ベテラン。車掌、運転士の経験もあり。じつは榊原先生の双子の兄。

不正乗車か？

QA

元駅員が教える
鉄道会社の仕事

身近なのに知らないことがたくさんある、
鉄道会社ではたらく駅員のこと。
気になるアレコレを教えます!

Question

通勤・帰宅のラッシュのときっていそがしそう。お客さんにふまんってありますか？

Answer

イライラしているお客様がその怒りを駅員にぶつけてくるので困りました。

駅員さんは1日に何時間はたらきますか？

駅で寝泊まりしながら24時間はたらく仕事と、8時間はたらく仕事を交互にやります！

Question

最初の勤務地（駅）はどのように決まりましたか？

Answer

研修中に先生から配属駅を発表されます。発表される前の日はドキドキしました！

Question

駅員さんと車掌さんの
ちがいは？

ANSWER

駅員は駅やホーム、改札に立っていたり、切符を売ったりします。車掌は電車に乗ってドア操作や、車内放送などをしています。

年末年始や
ゴールデンウィーク
などに休みはとれますか？

連休中などは
お客様が多いので、
お仕事をしている
ことが多いです。

Question

正社員のほかに、
契約社員や
アルバイトの駅員さんも
駅で寝泊まりしますか？

ANSWER

基本的に正社員の駅員と
警備員、清掃員が
駅に寝泊まりします。
アルバイトの駅員は
日中だけはたらきます！

Question

どうやったら
立派(りっぱ)な駅員(えきいん)さんになれますか？

ANSWER

人(ひと)の目(め)を見(み)て明(あか)るく
ていねいに、
やさしく話(はな)しましょう！

question

駅員さんは
ホームにいないとき、
どんなお仕事をしていますか？

ANSWER

お客様の忘れ物の対応や
改札口でのお仕事、
ほかには駅のお掃除なども
しています！

駅員さんが鼻声で話すのはなぜですか？

鼻声のほうが
電車の走行音の中でも
案内放送が
聞き取りやすいからです。

question ?

電車が遅れたとき遅延証は駅員さんに言えばもらえますか？

ANSWER !

もちろんもらえます！
今は会社によっては
アプリからも
もらえるようになりました。

Question

駅員さんの仕事は大変ですか?

Answer

大変です!
寝不足や疲労の中で
仕事をすることもあるので、
体力は絶対に必要です!

Question

駅員さんになるには
何か資格がいりますか？

ANSWER

なにもいりません！
資格は
何も持っていないです。

Question

駅員さんって昼と夜は何を食べているんですか？

ANSWER

基本は駅の外で好きなごはんを食べてきます。

question

自分がはたらいてる会社の
電車には安く乗れますか？

ANSWER

自分の会社内の路線が
乗り放題の定期券を
会社からもらいます。

Question

毎日おなじ景色ばかり
見ていると
飽きてきますか？

ANSWER

駅員も人間ですから
飽きてきます。
でもお仕事なので
気は引き締めています。

Question

駅の電光掲示板の情報を書いているのは駅員さんですか？

Answer

基本的にはコンピューターからの情報を流しています。駅員が手入力することもできます。

Question

駅員さんは
毎日同じ駅ではたらきますか？

Answer

近くにある
複数の駅ではたらく
こともあります。

Question

駅員さんや運転士さんはなぜ白い手袋をはめているのですか？

Answer

合図が相手にわかりやすいからです。あと汚れや怪我をしないためにはめています。

question

駅で具合が悪くなったら
どうしたらいいですか？

ANSWER

事務室で休むことが
できるので、
遠慮なく
駅員を呼んでください！

Question

電車のなかで
電話しちゃダメですか?

ANSWER

とっても急いでいるとき以外は
周りの人のために、
電車を降りてから
電話しましょう!

○×

元駅員が教える
電車や駅での
すごしかた

電車や駅でやっていいこと・悪いこと。
鉄道に関するアレコレを○×で解説します！

駅のホームで
携帯電話のライトを
つけて
物を探した。

運転士はホーム上のライトを目にしたら急ブレーキをかけないといけないです！
電車が緊急停止してしまうので気をつけよう！

線路に落とし物をしたが近い距離だったので自分で拾った。

線路に降りたときに足をくじいてしまうかも。そこに電車が到着してしまったら……！！！

とてもあぶないから絶対にやめよう！

降りる駅で精算すればいいやと思ってむりやり改札機を通った。

身勝手な行動を取ると、駅員にうたがわれるかも……。
そういうときは、かならず駅員とお話ししてから改札に入ろう！

具合が悪くなったので車内にある緊急ボタンを押した。

備え付けられている緊急ボタンを押していいよ！
押しづらいイメージもあるけれど自分の体がいちばん大事です‼

お体の不自由な方がいなかったから、優先席に座った。

自分の体調が悪い時などは遠慮せず座って大丈夫！
でも元気なときは、優先席を必要とする人のために座らないでおきましょう。

切符を持っていないけれど、駅の中にあるトイレを使いたい！

どうしても駅構内のトイレに行きたい時は入場券が必要です。

ホームから
少しだけ身を乗り出して
電車を撮った。

あぶないので絶対にダメ！
つまづいてそのまま線路に落ちたら自分の命がなくなっちゃうかもしれないよ……。

急いでいたので仕方なくエスカレーターをダッシュした。

ほかのお客様の肩や体にぶつかり転落事故につながることもあります。命を落とすこともあるのでぜったいに走らないで！

反応(はんのう)が悪(わる)かったので改札機(かいさつき)にICカード(アイシー)を強(つよ)くたたきつけた。

改札機(かいさつき)がこわれちゃうかもしれないので、人(ひと)だと思(おも)ってやさしくタッチしてあげてね！

遅刻しそうになったので、閉まりかけのドアにわざと手をはさんで乗り込んだ。

電車がおくれたり、ケガをする原因になるから絶対にダメです！！

お腹が空いたので電車内で飲食をした。

新幹線や特急列車などは大丈夫です。在来線も制限はないけれど、まわりのお客様には配慮しましょう。

音楽を聴きながら電車に乗車した。

イヤホンやヘッドホンをつけて、まわりに迷惑のかからない音量で聴こう！

落とし物を拾ったので事務室や改札に届けた。

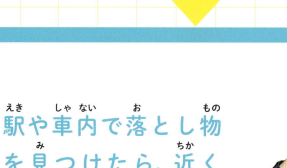

駅や車内で落とし物を見つけたら、近くにいる駅員や事務室などに届けましょう。

駅のトイレから
トイレットペーパーを
1つだけもらった。

駅のトイレのトイレットペーパーを持ち帰ると犯罪になっちゃうからダメだよ！

駅構内の広告を写真に撮ってSNSに載せた。

個人的に利用する目的なら大丈夫です！撮影する際は、ほかのお客様に迷惑をかけないように注意しましょう！

踏切の中にとり残されたおとしよりを走って助けに行った。

助けに行った人が事故に巻き込まれることがあるので、非常ボタンを押して危険を知らせよう！

写真を撮ったときにほかの乗客が映ってしまったが、そのままSNSに載せた。

ほかの人が写っている場合は、顔が特定できないようにモザイク加工などが必要です！

電車に犬がいたから、
さわったり
おやつをあげた。

↓

駅や電車にいる犬は、
目の見えない人をサポートする盲導犬かも！
大切な犬だからさわらないようにしよう！

電車の中でつり革にぶら下がって体操選手ごっこをした。

公共の交通機関はみんなが使うから、迷惑をかけないように静かに過ごそう！
大きな声でしゃべったり、走りまわるのもダメだよ！

電車から降りる人が出るのを待ってから乗車した。

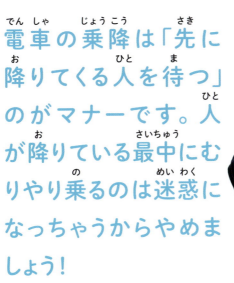

電車の乗降は「先に降りてくる人を待つ」のがマナーです。人が降りている最中にむりやり乗るのは迷惑になっちゃうからやめましょう！

駅員の一日。

駅員時代、2人はどんな仕事をしていたのでしょうか？ 詳しくみてみましょう！

鈴木メトロの一日

8:00 出勤・朝礼

朝の朝礼で仕事内容の確認。服装や身だしなみをチェック！

9:00 ホーム整理

朝こそ油断禁物。ホームでの事故0を徹底します！

10:00 改札業務

駅出口や電車の乗り換え、乗り越し精算にいらしたお客様の対応。ていねいにハキハキとこなします。

12:00 昼ご飯

先輩が作ってくれる炒飯が最高でした……！

13:00 券売機の売上を計算する作業

食後の一番ねむくなる時間だけれど計算ミスは絶対にダメ！

14:00 事務室待機

お客様の忘れ物対応。事務室内の掃除もこの時間に。

15:00 仮眠

備え付けのソファーがとても長く、うまく寝られません。

16:00 改札業務

そろそろ夜ご飯の時間がせまってきてワクワク。ニヤケ顔にならないように気を引き締めます！

17:00 ホーム整理

帰宅ラッシュでふたたび駅が混雑します。線路への転落がないように監視。

18:00

大事な書類も数多く運ぶ。絶対に落としたらダメ！

渡し物を同路線の駅へ運ぶ

19:00

しっかり食べてもう少し頑張ろう！

夜ご飯

20:00

お酒を飲んだ人が増えてくる時間帯。細心の注意をはらいます。

ホーム整理

21:00

お酒を飲んだ人が多い時間帯なので、改札口でもよくトラブルが発生……。

改札業務

22:00

嘔吐物が多いので、それを掃除するためのチリ取り、ほうき、おがくずをスタンバイします。

事務室待機

23:00

終電の時間が近づく。ピリついているお客様が多め……。

事務室にてお客様対応

0:00

少しでも寝て翌日に備えます。

終電を見送り就寝

4:00

駅出口のシャッターを開け、券売機と改札の電源をつける。エスカレーターの電源も忘れずにオン！

起床

5:00

朝から来るお客様はみんな眠いのか優しい人が多い。

改札業務

6:00

困っているお客様の対応もします。

事務室待機

7:00

朝の通勤ラッシュが到来し駅は大混雑。事故がないようにしっかり監視します。

ホーム整理

8:00

交代の駅員に引き継いでお仕事が終了。

退勤・帰宅

たくあんボーイの一日 (改札業務)

8:00
出勤
スーツで通勤します。

8:30
朝礼
制服に着替えて時計をセットし、朝の体操。前日泊まっていた人と交代の作業もします。

9:00
改札業務
乗り越し精算や切符の確認、自動改札のエラーなどの対応をします。

11:30
休憩
お昼は駅の外で食事。中華料理とカレーうどんが思い出の味。

12:30
改札業務
昼間には仕事も落ち着いてきます。ベテラン社員がいると心強い。

14:00
小休憩
ボーッとしたりウトウトしたり。

14:30
改札業務
改札にレシートを入れちゃうおじいちゃんの対応なども……。仲の良い売店のおばちゃんがたまに差し入れをくれました。

17:00
小休憩
トイレに行ったり、事務室で仮眠をとったりします。

17:15
改札業務
下校中の学生が駅に戻ってきて騒がしい時間。朝みかけた人が帰ってきます。

6:00
起床
起床したことを報告し、身だしなみをととのえます。

7:00
改札業務
朝のラッシュの時間帯なので大きな声で挨拶します。多くのお客様が利用するので、駅員同士のチームワークを発揮してはたらきます。

9:00
交代作業
交代の人に仕事を引き継ぎます。日報を提出して、何かあったら助役さんに報告します。

9:30
退勤
スーツに着替えて帰ります。

19:00
休憩
夜ご飯は外食する人も多い。忙しい人は立ち食いそばで済ませています。

20:00
改札業務
だんだん混雑も落ち着いてきます。改札機から切符を回収したり、改札まわりのゴミ拾いなどをしたりします。

22:00
小休憩
最後の休憩時間なのでしっかりと休んでおきます。

22:30
改札業務
お客様は減りますがお酒を飲んだ人が増えます。終電が近づいたらメガホンや案内放送で呼びかけますが、乗り遅れた人に怒られることも……。

0:30
締切作業
お客様がいなくなったらシャッターを閉め、改札機や機械類の電源を切ります。

1:30
就寝
お風呂に入り、歯みがきをして寝ます。起床装置をセットし目覚ましを3つ以上セットしていました。

元駅員が教える
駅員時代を振り返る
「駅員あるある」

勤める会社は違えども、駅でおこるできごとには
共通点がいっぱい？
当時を振り返って言いたい「駅員あるある」！

あるある ①

プライベートのときも、つい駅員や乗務員にあいさつしてしまう。

駅に行くときはプライベートでもあいさつしなきゃ！という気持ちがわいてくるね！

あるある ②

家を出る前にガスや電気などの確認をするとき、無意識で指差確認している。

意識せずに指差確認している自分がけっこう好きです！家の防災にもつながります！

あるある ③

定期券の購入や更新の時期には学生さんとお父さんお母さんの大行列ができる。

春と秋には、定期券を買い求める列が窓口の外まではみ出るのがあたりまえでした（苦笑）。

あるある ④

「駅員ってアナウンスするときなんで鼻声みたいになるの？」と何度も質問されるので、その答えをとてもスムーズに言える。

ボクは「自己満ですよ！」と答えています！かならず鼻声にする決まりはないです。

あるある ⑨

改札でのあいさつに
返事をしてくれる
お客様のことを
好きになってしまう。

ほとんど素通りしていくけど、
「いってきます」とか「おはよう」と
笑顔で返してくれる人には
ドキッとしちゃいます。

あるある ⑩

よくお客様に
「警備員さん!」
と間違われる。

警備員は
駅でいっしょにはたらいて
くれているからね!

あるある⑪

終電後に改札機の回収箱に集まった切符の多さを見てその日のいそがしさがわかる。

土日や夏休みは使用済み切符がパンパンに詰まった袋を持ち歩くのでサンタさんみたいになります！

あるある⑫

お昼休みに駅舎の外に出ると太陽の光が眩しく、不健康さを感じる。

地下鉄はほとんどが地下駅なので、日光を浴びられる数すくない地上駅にあこがれていました！

冬の改札口はとても寒いので、
制服の内側や背中、
靴のなかにカイロを貼っていた。

ホームからつめたい風が吹いてくるから、
ほぼ外にいるみたいなものだよね。

白手袋が汚れてきたら改めて
「この駅って空気が汚いんだな」
と痛感する。

駅の中にいると
舞い散る黒いススを目にします。
こればかりは
しかたないよね……。

あるある⑮

目覚まし時計の鳴る時間をぜったいまちがえないよう集中してセットする。

いつもセットした時間があっているか何回もチェックしていました(笑)。

あるある⑯

終電後に寝る支度をしたあと、パジャマで駅事務室を歩きまわるとワクワクする。

仕事場にパジャマでいるとふしぎな感覚になるよね。

あるある 17

始発電車の時間に改札口に
やってきた一番目のお客様を見ると
「今日も始まったか……」と
いう気分になる。

第一号のお客様は
出発時間に余裕をもって来るので、
意外とやさしい人が多いです。

あるある 18

切符を発券するとき、
無駄にマルス（切符をつくる機械）の
縁をカチカチしちゃう。

ボクも外から
聞こえる音楽に
ノってたたいていた！

あるある⑲

駅に芸能人が来ると駅員たちのテンションが上がる。

駅はいろんな人が使うから、芸能人に会えたりもします。

あるある⑳

休憩中は駅事務室にあるベンチをくっつけて横になって仮眠する。起きると体がバキバキになってしまう。

3分でも寝られる時間があればとりあえず横になってました。

あるある㉑

駅員になるための研修で、
自分がどこの駅に配属されるのか
発表される前の日は
ワクワクして眠れない。

配属先の駅の近くに住むから、
都会か地方かで
まったく生活がかわるね。

あるある㉒

仕事おわりにある
先輩とのあつまりは、
フラフラで動けないので
出たくなかった。

若手の駅員はなるべく
顔を出さないといけなかったなぁ。
大好きな野球でも帰りたかったです！

夜、駅出口のシャッターを閉め切った瞬間に
「今日も終わったー!」と安心して、
自分の顔が5歳ほど老けてしまう。

日中だけ仕事をする人が
すごくうらやましかった!

駅員はなんでも教えてくれると
思っているお客様から
電車と関係ないことも聞かれる。

うまい飯屋はどこ?
とか動物園の入園料はいくら?
とか聞かれました。

あるある 27

帽子をかぶり続けると、こめかみが痛くなってくる。被って脱ぐをくり返すと跡がついてしまう。

サイズが小さかったら、より締め付けられて大変だよね……。

あるある 28

車椅子のお客様が降りる位置を忘れてしまったとき冷や汗をかいてしまう。

車椅子のお客様対応は数人で何回も確認することがたいせつです。

難読駅クイズ

何問とけるかな?

知っている駅はあるかな?

問 1

1. 麹町(東京メトロ有楽町線)
2. 放出(JR学研都市線)
3. 咲来(JR宗谷本線)
4. 轟木(JR五能線)
5. 軍畑(JR青梅線)

答えは下に書いてあるよ!

問 2

6. 楡木(東武鉄道日光線)
7. 大嵐(JR飯田線)
8. 中百舌鳥(南海電鉄高野線)
9. 飯給(小湊鉄道線)
10. 石動(あいの風とやま鉄道線)

こたえ

① こうじまち
② はなてん
③ さっくる
④ とどろき
⑤ いくさばた
⑥ にれぎ
⑦ おおぞれ
⑧ なかもず
⑨ いたぶ
⑩ いするぎ

鈴木メトロ & たくあんボーイ 年表

年表 誕生 → コンビ結成
1990・1997年から有効

生まれも育ちもちがう2人が、お笑いコンビを結成するまでの足あとをたどってみよう！

たくあんボーイ

1998
1歳上の兄といつも遊んでいた。基本は兄のおさがりを着ていた。

1997
1997年1月20日、長野県で誕生する。頭をバンドマンのように振っていたので両親が心配していたそう。1歳上の兄がいたので次男として育てられた。

鈴木メトロ

1997
旭川市立緑が丘小学校へ入学。教室に入るといつもハムスターのにおいがしていた。

1995
はじめて好きな子ができる。相手はいくみちゃん。おままごとをしていて、いつもいくみちゃんの子ども役になりたかった。

1990
1990年10月1日、北海道旭川市に生まれる。生まれた時から髪の毛がフサフサだった。

1999
野球チーム緑が丘グリーンボーイズへ入団。お父さんに強制されてイヤイヤ入団する。本当はサッカーがしたかったのに……。3年生からレギュラーでした。ポジションはファースト。

2000
北海道野球大会準優勝。自分は試合に出たくなくて不真面目にプレーし、ベンチから外される。

2000
戦隊シリーズにハマる。当時は「ゴーゴーファイブ」の大門に憧れて牛乳の一気飲みをしていた。

1999
長野県飯島町東部保育園に入園する。よく保育園でしていた遊びは泥遊び。ショベルカーが好きで、よく工事現場を見に行っていた。

2001
幼なじみと遊ぶ日々。毎日のようにとなりの家の男三兄弟とボクの兄で田んぼや畑、森の中や川で遊んでいた。同年、歳のはなれた弟が生まれて兄になる。

2001
北海道野球大会準優勝。ギリギリレフトのレギュラー。まだイヤイヤ。

2002
飯島町立小学校に入学する。おじいちゃんが床屋で注文ミスをしたため、丸坊主で入学式に参加した。学校がイヤなときは行くフリをして、ひいばあちゃんと知り合いのおばあちゃんの家に行っていた時期もあった。

2002
はじめて野球チームのキャプテンに。でも野球が嫌いだから全然うれしくない。

2005

学年文集の「クラスの面白い人ランキング」で1位になる。クラスでは前に出て何かやるタイプではなかったが、いつも人を笑わせることを考えて行動をしていたので、クラスのみんなが投票してくれたのがうれしかった。

2004

絵を描く。桜や梨を模写する授業で先生たちに評価され、表彰してもらった。面白い絵を描いてクラスメイトを授業中に笑わせたりもした。

2006

旭川実業高等学校へ入学。野先輩がこわすぎて練習が本当だった。でも坊主はそんなにイなかった。

2005

北海道野球大会優勝。エースピッチャーとして全試合投げ切る。全国大会ではベスト36に。

2003

旭川市立緑が丘中学校へ入学。ヤンキーが多くてあまり騒げなかった。

2008

小学6年生。運動会の棒倒し種目で、開始数秒で敵の棒をなぎ倒して男子のスターになる。クラスメイトの数名で休みの日や学校帰りにお茶とたくあんを持ち寄って語り合う会をしていた。

2009

飯島町立中学校へ入学。身長が小さくて制服がぶかぶかだった。サッカー部へ入部したが1年でクビになる。

2010

ゲームセンターばかり行く。部活もやらずに休みの日はゲーセンで遊んでいた。サンドウィッチマンさんのコントをテレビで見て衝撃を受けた。このころからお笑いが好きになり始める。

2008

高校野球を引退。横浜ベイスターズからスカウトされる。しかし高校チームが揉めてしまい、プロ野球選手への道を断念。

2007

北北海道大会準優勝。あと一勝すれば甲子園でした。とても悔しい……。

2011

東京の鉄道会社へ入社。あくまで芸人になるための踏み台という気持ちで就職。生意気でありぜいたくな考えだった。早くNSC(お笑いの養成所)に通うためのお金をためようと決意する。

2009

経専北海道観光専門学校へ入学。何を血迷ったか航空会社のCA(キャビンアテンダント)を目指すコースへ入学。ANAのグランドスタッフとCAを目指し始める。

2014

4月、鉄道会社入社。高校の担任の勧めがきっかけで就職。2カ月間のきびしい研修のあと、某駅で駅員としてはたらいた。改札や出札業務、車椅子の対応など様々な経験をした。

2016

3月、鉄道会社を退社する。芸人の世界で生きていくと決心した。同期や先輩に伝えてみんなで泣きあった。送別会でもらった仲間からの寄せ書きの色紙は今も宝にしている。4月にワタナベコメディスクールへ。

2013

「ビギナーズミッション」結成。お笑いが好きなメンバー5人でデビューを目指そうと結成した。休み時間にトイレに集まりネタ合わせをしていた。当時は超新塾さんを参考にしてネタを作っていた。

2012

駒ヶ根工業高校合格。第二希望だった高校に無事合格した。

2015

太田プロダクションへ移籍する。実家が同じ団地の幼なじみとコンビを組む。太田プロダクションの養成所のお金も相方に立て替えてもらう。

2012

鉄道会社を退社してアルバイトを始める。退社時のお金だけでは足りなかったので、アルバイトすることを決意した。めずらしいバイトがしたいと思ったので、「万引きGメン」としてはたらく。

2013

お金がたまり、NSC19期生として養成所に入学。同期にEXITのかねちー(兼近)がいて、朝までいっしょに人狼ゲームをしてもり上がった。全国には面白い人がいっぱいいるんだなぁと自信をなくしかける。

2018

ソニーミュージックアーティストHeetprojectに所属。芸歴が何十年も上のおじさん芸人の中で揉まれる。当時は1人コントをやっていた。同じ時期に今や大人気のやす子もいた。

2017

新しい相方と「各駅マッシュ」を結成する。駅員ときのこ博士からなる強烈なコンビ。

2020

たくあんボーイからTikTokで運命のDMをもらう。このDMをきっかけに「パンタグラフ」の快進撃がスタートした。

2020

2月、TikTokで1本の動画がバズる。朝起きると通知が止まらなくてコメントであふれかえっていてびっくりした。10月、鈴木メトロとコラボする。

2023

3月、「パンタグラフ」結成。太田プロダクションへ移籍し、YouTube登録者30万人超えの元駅員コンビとして活動スタート。

2024

念願の『24時間テレビ』(日本テレビ)に出演。長野や石川へはテレビのロケに行けて少しずつ仕事がふえる。売れるために日々奮闘中！

これからも2人でがんばります！

鈴木メトロ & たくあんボーイ 2人にインタビュー！

ある日SNSにアップした動画がきっかけで、その名を広く世に知らしめた「パンタグラフ」。"元駅員"という肩書きを持つ2人はこれまで何を感じ、どのようにして出会ったのだろうか。幼少期からコンビを結成するまで、さらにこれからの夢を聞いてみました。

幼少期〜駅員になるまで

Q1：幼少期から鉄道がお好きでしたか。

鈴木メトロ（以下鈴木）：子どものころはスポーツが大好きで、兄や友だちと野球をやったり、チャンバラごっこをしていました。当時、鉄道にはあまり興味がなかったです。

たくあんボーイ（以下たくあん）：ボクのお兄ちゃんと弟は電車が大好きでプラレールに熱中していましたが、ボクだけは戦隊ヒーローものが好きでした。近所に電車を見に行ったときも、電車よりショベルカーみたいな「はたらくクルマ」に興味がありました。

Q2：お2人とも「鉄道好き少年」ではなかったのですね。鉄道会社に就職するきっかけは何だったのでしょうか。

鈴木：ボクは航空会社のキャビンアテンダント（CA）さんになるための専門学校に通っていました。その学校に東京の鉄道会社からの募集があって、「就職面接の試しに」って受けてみたら、合格しました。

たくあん：高校に鉄道会社からの募集が来ていたので受けました。車両工場の仕事をしたかったんですけど、その年だけ工場の募集はなかったので駅員になるための試験を受けました。

Q3：それぞれ就職試験はどのようなものでしたか。

鈴木：集中力を試す目的で、細長い紙にペンで20分間線を引くテストがありました。枠の中からはみださずにひたすら書かなくちゃいけなくて、途中であきらめて帰った人もいました。

たくあん：ボクはかんたんな足し算と引き算をずっとやり続けるテストをやりました。1から100まで表に書かれた数字を小さい順に指を差していくテストは1分間で解かなくちゃいけませんでした。面接では自分の人がらについてよく聞かれて。結果が出るまで合格できたかわからなかったけれど、採用通知が来たときはみんな大よろこびで、お兄ちゃんも弟も祝ってくれました。

鈴木：ボクも手ごたえはなかったので、家族もまわりのみんな

も泣いてよろこんでくれました。

駅員時代

Q4.鉄道会社では駅員をはじめ、運転士、車掌などさまざまな職種がありますが、お2人が駅員になった理由は。

鈴木：高校・専門学校を卒業した人は、基本的にまず駅員をつとめます。それまであまり鉄道に興味がなかったので、はたらきだしたときは「キッザニア」の職業体験みたいでした（笑）。

たくあん：大学を出て就職した人の中には、新幹線の車掌になる人もいました。入社後は仕事の研修を受けたり、制服をもらったりしましたね。

Q5.お2人とも利用者が多い駅ではたらいていましたが、入社後どのくらいで仕事に慣れましたか。

鈴木：1日平均18万人もお客様が来る駅でやることがとても多く、仕事に慣れないまま辞めてしまいました。

たくあん：仕事を始めてから3カ月くらいは、先輩が先生としてわからないことを教えてくれました。半年くらいでようやく慣れてきました。

Q6.駅員を辞めたきっかけは。

鈴木：切符の精算のミスで、接続する鉄道会社の駅にめちゃめちゃ迷惑をかけてしまったことです。そのトラブルのつぎの日に駅長に辞める相談をしにいきました。

たくあん：ボクはやっぱりお笑いがやりたかったので、お金をためるために仕事をしていました。2年間はたらいてボーナスをもらい、「よしこれでたたかいに行けるな」って思って辞めました。

YouTube〜芸人時代

Q7.鉄道会社を辞めたあとはどのような生活を送られていましたか。

鈴木：学生のころからお笑い芸人になりたいと思っていたので、その夢にむかうことにしました。ただ、駅員を辞めたあと養成所に入るためのお金がなかったので、2年間ずっと「万引きGメン」のバイトをやっていました。

たくあん：お笑いの養成所に通いつつ、中目黒にあるスヌーピーのカフェでバイトしていました。お店ではお客様から「顔がスヌーピーみたいだね」って言われたりもしました。

Q8.お2人がYouTubeを始めたきっかけは。

たくあん：2020年以降、新型コロナウイルス感染症が流行して舞台の仕事がへってしまったのがきっかけです。ちょっとでもだれかにネタを見てもらいたくてYouTubeに動画をアップしてみました。

鈴木：テレビのバラエティー番組のオーディションにいったとき、ディレクターさんに「SNSやってるの？」って聞かれたんです。「何もやってないです」と答えたら、ざんねんそうな顔をされてしまった。「あぁ、SNSで自分を知ってもらうことって大事なんだな」と思ってTikTokやYouTubeで動画公開を始めました。

Q9.「駅員ネタ」はチャンネル開設当初から構想がありましたか。

たくあん：まったくなかったです。最初は「激辛料理を食べてみた」とか「スライムを作ってみた」とかやっていました。そのなかに「R-1グランプリ」のために作った鉄道ものまねのネタがあって、それをTikTokに上げてみたら再生回数が伸びていった。

鈴木：ボクは鉄道ネタをやっていたけど、最初のころはぜんぜんバズらなかった。ショート動画ができてから一気にバズるようになりました。

Q10.2023年にコンビを結成されましたが、それまでお会いしたことは。

たくあん：3年くらい前（2021年ころ）にあります。YouTubeでもチラチラ見かけていました。

鈴木：ライバルなんで「なんか似たやついるな、ちょっといなくなってくんねぇかな」なんて（笑）。

そしたらたくあんの方からメッセージをくれて。

たくあん：ボクはいろんな人と動画のコラボをやっていたので、その流れで声をかけました。

鈴木：最初はバチバチの関係になるかな？って思ってたけど、仲良くしてくれたので、うれしかった。

たくあん：ボクが動かなかったら出会わなかったし、コンビも組んでいなかったんですね。

Q11. コロナ禍、YouTube、コラボといろんな偶然が重なって「パンタグラフ」がうまれたんですね。コンビ結成のきっかけは。

鈴木：たくあんと知り合って、2人でYouTube撮影をしているときや、将来の目標や夢を語り合う時間がとても楽しかった。もともと組んでいたコンビでの活動がなかなか思うようにいかないこともあったので、そのコンビは解消して、たくあんに「一緒にコンビを組まない？」と連絡しました。

Q12. いまやお2人ともYouTubeチャンネル登録者が40万人を超える人気芸人さんです。登録者を増やしたコツはなんでしょう。

たくあん：はっきりとしたことはとくにないですね……。とにかく毎日、続けるしかない。

鈴木：いつも「バズれ！　バズれ！」しか考えてないので、コツは考えたこともなかったです。でもやっぱり毎日続けることでしょうか。

Q12. YouTubeなどのインターネット上とリアルのライブ、お笑いにおいてどのような違いがありますか。

たくあん：リアルのライブにはお子さんが多く来てくれるので、わかりやすいショートコントだとも盛り上がる。逆に長めのコントだと、お子さんにポカンとされることがあります（笑）。

鈴木：最近の単独ライブも多くが親子づれで、お子さん率が高い。ちょっと教育番組みたいだったね（笑）。

たくあん：そういうときはわかりやすい言葉をえらんだり、表情をしたりするようにしています。

Q13. 芸人としての今後の目標は。

たくあん：日本武道館でのお笑いライブ！

鈴木：2、3年後にはYouTube登録数100万人をぜったい目指していきたい。YouTubeを大きくして武道館の席を埋めてみたい。

大きくなるみんなへ

Q14. 鉄道員をめざす子どもたち、芸人をめざす子どもたち、それぞれにひと言お願いします。

鈴木：鉄道員になりたい子どもたちに「鉄道員になるにはどうしたらいいですか？」と聞かれたときは「とにかくお母さんやお父さんとか、友だちの目を見て話そうね」って答えています。人の目をみて話すことは、鉄道員としても人としても、とてもだいじなこと。恥ずかしくてむずかしい子もいるかもしれないけれど、がんばってほしいです。

たくあん：駅員が切符を売るためには、路線図を知っておかなきゃいけない。なので、地名をおぼえたり、いろんなところに出かけてみて日本の地理をおぼえてほしいです。あと最近は世界中の国の人が日本に来るので、英語も勉強してほしいかな。車内アナウンス、駅でのご案内などいろんなところで英語を使います。ただ地理も英語も「おぼえなきゃ！」ってなるとつらくなるので、たのしみながら勉強してほしいですね。

鈴木：最後に、芸人をめざすみんなへ。趣味はいっぱいあったほうがいいです。好きなものがいっぱいあれば、それにあった仕事が来るから、いっぱい楽しいことを見つけてほしい。

たくあん：ボクも同じで、自分が興味をもったものに、とにかくチャレンジしてみてほしい。ぜひ好きなものをたくさん見つけてみて。ボクの好きな言葉に「まよったときは面白くなりそうな方へ進め」というものがあります。ボクたちも、これからも目標にむかってがんばって進んでいきます！

将来の夢は日本武道館で
お笑いライブ！

自分が興味をもったものに、とにかくチャレンジしてほしい

パンタグラフ

2023年結成、太田プロダクション所属。元駅員の経歴をもつ「たくあんボーイ」と「鈴木メトロ」のコンビ。YouTube登録者数はそれぞれ40万人を超え、幅広い年齢層に高い人気を誇る。

本書の内容は著者の見解やネタであり、鉄道会社等の公式見解ではありません。また、特定の鉄道会社を示したものではありません。

ブックデザイン	安部孝司
編　　　集	近江秀佳
撮影・編集協力	森谷貴明
校　　　正	木村嘉男
制　作　協　力	高畠久美子(太田プロダクション)

元駅員芸人パンタグラフが教える 明日学校で話したくなる電車の話

2024年11月20日　初版第1刷発行

著　　者	パンタグラフ
発　行　人	山手章弘
発　　行	イカロス出版株式会社
	〒101-0051 東京都千代田区神田神保町1-105
	contact@ikaros.jp (内容に関するお問合せ)
	sales@ikaros.co.jp (乱丁・落丁、書店・取次様からのお問合せ)
印刷・製本	株式会社シナノパブリッシングプレス

乱丁・落丁はお取り替えいたします。
本書の無断転載・複写は、著作権上の例外を除き、著作権侵害となります。
定価はカバーに表示してあります。
©2024 PANTOGRAPH All rights reserved.
Printed in Japan
ISBN978-4-8022-1528-2